AF267028

CONSEILS DU PÈRE FINOT

POUR

LE CHOIX DES DÉPUTÉS

RECUEILLIS

PAR JUNIUS

*Rapièce tes guenilles, si tu
ne veux bientôt aller tout nu.*
Maxime du père Finot.

Prix : 15 centimes

ADRESSER LES DEMANDES

A M. MADRE, LIBRAIRE

20, RUE DU CROISSANT, 20

PARIS

Expédition contre remboursement ou sur remise
de timbres-poste.

CONSEILS DU PÈRE FINOT

POUR LE

CHOIX DES DÉPUTÉS

C'était en avril. Déjà les haies bour-
geonnantes et un chaud soleil con-
viaient à respirer le grand air. Aussi,
au sortir de la messe, les habitants de
la petite commune de C... restaient-
ils attroupés avec complaisance à la
porte de l'église. Ils causaient, comme
d'habitude, de la pluie et du beau
temps, de l'aspect des foins et des
blés, quand l'un d'eux, Louis Landriot,
changea le sujet de la conversation
en disant : « Ah ça, nous ne parlons

point de l'affaire qui occupe tant nos Messieurs, des Députés à renouveler dans toute la France, le mois prochain ?

— Ah ! dit Pierre Germain, il faut en causer un peu, d'autant que nous avons ici le père Finot, qui est venu passer un mois chez son cousin, André Sarrut : c'est ça un rusé politique. Il fallait voir, il y a quelques mois, comme il a lancé les électeurs ses voisins ! Ils ont suivi ses conseils et nommé un Député de la bonne façon ; oh ! le nez, le nez de MM. les Maires et des premiers politiques de l'endroit ! C'était à peindre, sauf respect. Je vas l'engager à parler, et vous allez entendre un prêche à rendre jaloux M. le curé. » A ces mots, il se dirigea vers un grand vieillard, aux traits nobles et réguliers, avec de rares cheveux blancs tombant sur ses épaules, assis seul, à l'écart, sur un banc de pierre, où il réchauffait au soleil ses membres amaigris. « Venez donc, père Finot, lui dit-il ; nous voulons causer d'élections avec vous. Nous savons que vous en connaissez plus long que nous là-dessus, et que nous pouvons nous fier en vous mieux qu'en nos Messieurs, parce qu'ayant manié, comme nous, la charrue et la pioche, vous savez ce que ça pèse. » Le vieillard s'empressa de se lever et de se rendre auprès de ces braves gens. Ils se rangèrent bien vite en cercle autour de lui, pour ne rien perdre de ses paroles, qu'ils savaient dictées par l'expérience, ce trésor qui fait fructifier tous les biens.

LE PÈRE FINOT. — Que je voudrais, mes bons amis, répondre à votre attente et vous communiquer les leçons que j'ai reçues de notre grand maître à tous, le Temps ! Il y aurait plus de grain au grenier, de brebis à l'étable, et d'honnêtes gens partout. Mais réussirai-je ?

— Parlez, parlez, crièrent à la fois plusieurs assistants.

FRANÇOIS DRILL. — Nous ne manquons pas de bonne volonté, et avec un maître tel que vous, nous sommes capables de surprendre bien du monde.

PÈRE FINOT. — En politique, le point important, pour vous, c'est d'avoir une idée exacte de ce que c'est qu'un Député, et malheureusement vous ne l'avez guère. Vous avez peut-être entendu parler quelquefois de la souveraineté du peuple ? Ça veut dire que le peuple français, pris en masse, ne doit obéissance qu'aux lois qu'il a lui-même votées, à la majorité, en se conformant, bien entendu, à la première de toutes, qui est celle de Dieu. C'est seulement à cette condition, d'établir soi-même la loi à laquelle on obéit, qu'on est souverain, qu'on est maître, qu'on est libre, en un mot.

LOUIS LANDRIOT. — D'après cela, père Finot, pardon si je vous interromps, pour établir une loi, le Gouvernement devrait donc nous appeler tous à la voter, pour savoir si elle nous convient ou non ?

PÈRE FINOT. — C'est tout à fait cela ; mais ce vote direct de la loi par tous les citoyens est impossible dans notre société : les trois quarts, aujourd'hui, ne comprendraient pas la portée de la loi soumise à leur vote, et ne feraient, par conséquent, que de très-mauvaise besogne. Pour obvier à cet inconvénient, on a dit : Choisissons parmi nous, par chaque groupe de 35,000 électeurs, un citoyen mis en notre lieu et place pour voter la loi pour nous, par procuration. Ce chargé de nos pouvoirs, voilà le Député. Voyez-vous tout de suite l'importance de cette fonction ? Chacun de vous était une partie du souverain, et, comme tel, ne devait obéissance qu'aux lois qu'il avait votées : vous vous ôtez cette couronne de dessus la tête et vous la mettez sur celle d'un Député,

que vous supposez plus que vous capable de bien user de cette royauté,
non pas à son profit, mais au vôtre,
entendez-le bien.

PIERRE GERMAIN. — Ah bien, oui, au
nôtre ! Vous parlez d'or, père Finot,
mais vous ne nous ferez jamais croire
ça.

PÈRE FINOT. — Je sais que, trop
souvent, le Député oublie ce point fon-
damental d'établir la loi au profit des
citoyens qu'il représente, et non au
sien ; mais, ce que je sais bien aussi et
ce que vous paraissez ignorer, vous,
c'est que cela arrive par votre faute, et
qu'il en sera tout autrement, dès que
vous vous prendrez à le vouloir d'une
volonté obstinée et énergique.

LOUIS LANDRIOL. — Ah ! voilà encore qni est fort, père Finot ! Comment donc ça ?

PÈRE FINOT. — Oui, le Député sera
le défenseur jaloux de vos droits le
jour où, cessant de croire à l'éternité

de vos maux, vous apporterez à le
bien choisir un soin pareil à celui de
l'avare pour son trésor ; quand vous
fouillerez minutieusement tous les
coins et recoins de chaque canton
pour découvrir l'homme de cœur,
chose rare, capable de vous représen-
ter fidèlement, en bon et loyal serviteur, et quand, surtout, vous lui de-
manderez un compte sévère de chacun
de ses actes. S'il a prévariqué, si, se
laissant séduire par les caresses des
hommes du pouvoir, il revient vers
vous avec des lois comme le vainqueur
en impose au vaincu, levez-vous tous
comme un seul homme, et, constituant
le redoutable tribunal de l'opinion
publique, dites-lui, du ton foudroyant
du maître qui châtie un serviteur sur-
pris en flagrant délit : « Nous vous
avons confié notre bourse, et chaque
année l'Etat y prélève une plus grosse
part. Nous avons consenti à mettre
les plus vaillants de nos fils au service

du pays, quand le danger l'exige, et voilà qu'en vue de nous ne savons quelles guerres, vous prenez à un titre quelconque tous nos jeunes gens valides, pour les laisser, la plupart, dans les casernes, en proie à l'oisiveté, cette mère de tous les vices. Nous attendons de vous l'organisation de la justice, et quand nous recourons aux tribunaux, les gens de loi nous dévorent. L'honneur de nos filles est en vos mains, et quand un libertin les a séduites, vous proclamez l'interdiction de la recherche de la paternité et la tolérance du concubinage. Nous demandons la sécurité pour les récoltes créées à la sueur de nos fronts, et, depuis de longues années, nous attendons en vain les lois destinées à réprimer plus efficacement le maraudage, ce fléau qui nous prive de tant de richesses. Ah! vous n'êtes pas digne de nous servir; retirez-vous donc, et que la marque de traître que nous imprimons à votre front soit un arrêt de mort par la honte qui vous suivra partout. » — Oui, quand vous rendrez de tels arrêts, vous serez vraiment le peuple souverain, et, pour être déléguée, votre souveraineté ne produira pas moins ses effets naturels. En attendant, remerciez du fond du cœur les hommes dévoués qui vous ont conquis le moyen de l'exercer en mettant en vos mains cette arme puissante qu'on appelle le droit de vote. Ce droit, il est si important, qu'il a fallu une révolution pour l'arracher aux égoïstes qui vous en privaient injustement; aujourd'hui même, bon nombre d'entre vous seraient encore à l'attendre si notre empereur Napoléon III ne l'eût restitué à trois millions de citoyens que des députés infidèles en avaient, en 1850, indignement dépouillés.

JACQUES CLÉMENT. — Bien parlé, père Finot, bien parlé. Parole d'honneur, nous n'avons jamais entendu rien de pareil, et je sens quelque chose là, dans le cœur, qui me dit que c'est la vérité.

TOUS. — Oui, oui; oh ! c'est bien la vérité.

LOUIS LANDRIOT. — Ce n'est pas le tout de la connaître, il faut encore savoir la mettre en œuvre. Nous aurions beau pouvoir réciter tout ça par cœur, que ce ne serait rien si nous ne savions pas l'appliquer. Mais le père Finot, qui ne se contente pas de phrases, va bien nous dire quelque chose là-dessus.

PÉRE FINOT. — Avec d'autant plus de plaisir, que je m'aperçois qu'avec vous, je ne parle point à des sourds. Combien plus d'un que je connais serait vexé, s'il savait que vous avez de l'oreille pour un pareil entretien ! Comme il grommellerait : « Hum ! tout est perdu : le villageois est en train d'échanger le sobriquet de Jacques Bonhomme pour le titre de

Jacques l'Avisé. » Continuons donc, quand ce ne serait que pour lui procurer la satisfaction d'avoir prédit juste.

— La première des conditions pour vous procurer un bon Député, c'est de cesser d'être indifférents à cet égard, comme vous l'avez été jusqu'ici. Dès qu'on parle d'élections prochaines, devenez donc tout yeux et tout oreilles pour découvrir votre homme : c'est plus difficile à trouver qu'un lièvre au gîte. Qu'on en cause sans cesse aux foires, aux marchés, aux champs, aux veillées, partout où il y a deux personnes réunies. Quand, à force de recherches, vous l'aurez découvert, pressez-le de se mettre sur les rangs, en lui promettant tout votre concours de vote et de propagande. Un bon citoyen ne résiste pas à cet appel quand, d'ailleurs, le devoir parle. Vous voilà donc un candidat. Tâchez d'obtenir qu'il s'en présente de même un par canton, et vous serez alors dans les meilleures conditions pour être bien représentés. La lutte, dans un scrutin définitif, s'établira entre les deux plus favorisés au premier tour, et, quel que soit le vainqueur, il sera obligé de se tenir en haleine, c'est-à-dire de vous bien servir, de crainte d'être vaincu plus tard, quand la lutte recommencera. Pas besoin de vous recommander de ne prendre ces candidats que dans la contrée ; de les choisir parmi les personnes intéressées au bon ordre et remarquables par leur intelligence, leur vie laborieuse et leur honnêteté : il y aurait folie pure à en accepter venus on ne sait d'où, de ces grandes villes empestées de mauvaises mœurs ; ne possédant rien ou jouissant d'une fortune mal acquise, ou encore exerçant une profession peu compatible avec des convictions sérieuses, comme la plupart des avocats habitués à vivre dans les subtilités de la chicane. Comment un candidat qui ne résiderait pas continuellement parmi vous pourrait-il connaître vos besoins, et comment, vous, apprécier son passé et son présent, et lui demander compte un jour de l'exécution de votre mandat ? L'homme des champs bien avisé ne donne jamais sa voix au bourgeois, qui déserte la campagne et s'enferme dans ces grandes villes si chères aujourd'hui à nos Messieurs, sans doute parce qu'on s'y livre à tous les vices avec plus de commodité.

FRANÇOIS DRILL. — Il parle de mieux en mieux, le père Finot; mais on voit bien qu'il n'aime pas les avocats. Ma foi, ni moi non plus, parce que mon procès de bornage a duré l'éternité et m'a coûté d'argent, que d'argent ! L'instituteur de la commune dit pourtant qu'avocat, c'est une profession libérale ; que serait-ce donc, mon Dieu, si elle était mercenaire !

LOUIS LANDRIOT. — Sans être avocat, et tout en étant dévoué aux électeurs qui l'ont nommé, un Député peut, par de fausses vues, causer de grands malheurs à son pays. Examinons donc bien les opinions du candidat avant de lui donner notre vote.

PÈRE FINOT. — Vous devinez ce que j'allais dire. Les bonnes intentions ne suffisent pas ici : il faut encore ne pas se méprendre sur les besoins du pays. Ces besoins, je crois les connaître, moi qui ne suis qu'un de ces humbles auxquels sont parfois révélés les secrets cachés aux puissants. Que demandent donc ces travailleurs des champs et de l'atelier, qui sont la force vive de notre France ? Oh ! d'abord, la stabilité et la tranquillité, ces deux garanties du pain quotidien. Point de Révolutions donc, ni pour les Bourbons aînés, ni pour les Bourbons cadets, ni même pour cette République, qui serait si grande si nos prétendus républicains ou démocrates, comme ils s'appellent, voulaient lui donner pour base la vertu dont ils rient, et non le vice qui a toutes leurs affections. Nous avons l'Empire ; gardons-le soigneusement, et, nous pouvons le dire, coûte que coûte. Aussi bien que tout autre, ce Gouvernement comporte tous les progrès, toutes les améliorations que nous saurons réaliser. Que votre candidat adhère donc franchement, et sans aucune arrière-pensée, à la dynastie de Napoléon III. C'est là l'article premier de toutes les professions de foi que vous devez accepter : où vous ne le lirez pas nettement et fortement exprimé, dites avec assurance : nous avons là un ennemi caché de l'Empire, un révolutionnaire quelconque, dont nous ne voulons à aucun prix.

— Oui, oui, vive l'Empereur ! crièrent à l'unisson tous les assistants.

PÈRE FINOT. — L'article 1er du contrat entre le candidat et vous étant posé, et à votre satisfaction, je le vois avec plaisir par vos cris, venons à l'article 2, tout aussi important que le 1er. Comme contre-partie de ses services si précieux, tout Gouvernement, quel qu'il soit, tend, par nature plutôt que par mauvaise intention, à empiéter sur vos droits, à prélever de plus lourds impôts, à enrôler plus de conscrits, à inventer des places pour ses créatures, enfin à laisser se produire toute sorte d'abus et à restreindre votre liberté sous toutes les formes. Vous, vous devez lutter continuellement, sans cesse et sans fin, contre ces mauvaises tendances. Comme vous n'avez pas le temps d'y mettre la main vous-mêmes et que, d'ailleurs, ce travail serait, comme le vote direct de la loi, souvent au-dessus de vos forces, vous louez, pour cette tâche, un serviteur, c'est le mot, pour cinq mois de l'année, à raison de 2,500 francs par mois, et le mettez en votre lieu et place. Eh bien ! votre futur Député, dans sa profession de foi, doit exprimer clairement qu'il entend, comme vous, tous les devoirs de la noble et difficile mission que vous lui confiez. « Pareil à un soldat sur la brèche, doit-il vous dire, je défendrai le terrain pied à pied. Je n'ouvrirai jamais votre bourse que pour d'indispensables besoins. L'égalité devant l'impôt a été jusqu'ici une vaine promesse ; je m'efforcerai de faire que les charges reconnues indispensables pèsent également sur tous, de manière à alléger le fardeau des faibles de la part mise sur le dos des forts, ces privilégiés actuels, qui cesseront ainsi de l'être. L'État envahit sans cesse ; il accapare les fonctions les plus diverses et les plus opposées à sa nature. C'est ainsi que la commune a été privée du droit de nommer elle-même son Maire. C'est là pourtant la première des libertés. Aussi la revendiquerai-je avec toute l'énergie dont je suis capable. Les gros contingents militaires vous épuisent ; j'en voterai la réduction au strict nécessaire, et n'acquiescerai à ces guerres tant détestées des mères qu'au cas de bien légitime défense. En un mot, je serai partout et toujours un rempart vivant pour protéger vos personnes et vos biens contre toutes les attaques, d'où qu'elles puissent partir et si puissantes qu'elles soient. »

LOUIS LAURENT. — Oh! que c'est bien ce qu'il nous faut! Nous votons tous pour l'homme d'honneur qui prendra envers nous de tels engagements.

PIERRE GERMAIN. — Savez-vous pourtant, père Finot, que c'est cher, des serviteurs à 2,500 francs par mois pour un souverain, comme vous nous appelez, qui porte galoches et qui, souvent, a bien de la peine à avoir du pain au tenailler?

FRANÇOIS DILL. — Ah bah! il faut bien payer quand on veut être bien servi. Ce ne serait donc pas de l'argent trop mal placé, si ce valet-là ne s'endormait jamais sur la queue de la charrue. Même, par-dessus le marché, plus d'une jeune fille dans la commune lui brocherait une paire de chausses, si elle savait qu'il lui conservera son galant.

PÈRE FINOT. — Vous remarqueriez encore moins, mes amis, ce gros salaire, si vous connaissiez les tentations dont il est assiégé, et combien elles l'exposent à vous oublier pour ne songer qu'à lui-même. D'abord, tous les fainéants plus ou moins bien habillés, qui vivent d'un abus quelconque, sont là : ils l'entourent, le caressent, le comblent de flatteries pour l'enrôler dans leur bande. Puis, le Pouvoir, qui a tant de moyens de séduction : c'est tantôt une décoration, tantôt une place pour lui, pour ses parents, ou ses amis; d'autres fois, certaines caresses tombées de haut, une invitation à un grand dîner, un bal à la cour, le sourire de quelque grande dame sujet de bien des pleurs en plus d'une chaumière ; que sais-je, moi ? Après l'article II, où il promet de contrôler sévèrement le pouvoir, d'en arrêter tous les empiètements, que votre candidat ajoute donc qu'il maintiendra son indépendance envers et contre tous, en restant inaccessible à la séduction. Que, pour plus de sûreté, il s'engage formellement à refuser les faveurs qui le rendraient infidèle à ses engagements envers vous. Quand vous trouverez ces trois points fortement établis dans une profession de foi, par un homme d'ailleurs d'une loyauté bien connue, votez pour lui avec confiance. Qu'il y ait beaucoup de Députés comme celui-là, et la France connaîtra des jours meilleurs, soyez-en sûrs.

LOUIS LANDRIOT. — Comme il déroule ça, le père Finot ; m'est avis que j'entends un Jules Favre. Je veux pourtant lui adresser un petit reproche. Ce que vous venez de nous dire là, ô fin politique, n'est pas tout à fait assez local. Vous savez comment ça se passe dans nos campagnes : M. notre Maire nous dit de voter pour un tel, et il faudrait être bien hardi pour lui demander si son candidat se propose d'embarrer le gouvernement toutes les fois qu'il voudra trop nous prendre. Voilà une grande difficulté pour de pauvres particuliers qui n'ont pas votre tête.

PÈRE FINOT. — Comment, après ce que je viens de vous dire, osez-vous me parler d'une telle misère ? M. le Maire vous engage à voter pour tel candidat ! Pourquoi vous y engage-t-il ? Croyez-vous qu'il vous donne ce conseil, parce qu'après mûr examen, il a reconnu que c'est l'homme qu'il vous faut ? Pas le moins du monde. Il vous le donne uniquement parce que M. le Préfet l'a mandé en son cabinet, et là, en tête-à-tête, lui a déclaré solennellement que ce can-

didat est le Député que le Gouvernement désire voir arriver à la Chambre.
Pourquoi ce désir dans messieurs du
Gouvernement? Parce qu'ils savent
que ce candidat-là, en reconnaissance
de sa nomination par l'influence des
fonctionnaires, fermera les yeux sur
des milliers d'abus qu'il devrait combattre. Et vous me demandez si vous
devez voter pour ce recommandé
de M. le Maire? Vous ne voyez donc
pas que, du moment où, par l'ap-
plication de notre article premier,
vous écartez soigneusement tous les
candidats ennemis de l'Empereur, cette
recommandation ne saurait être qu'un
piége! Si vous avez la simplicité de
vous y laisser prendre, le but que vous
vous proposez, en nommant un Député, est complétement manqué : mieux
vaudrait alors n'en pas avoir du tout.
Que prétendez-vous, en effet, en en-
tretenant à si grands frais des représentants à Paris? Vous voulez, évi-

demment, obtenir un contrôle sérieux
des actes du Pouvoir, contrôle si indis-
pensable, qu'un jour, l'Empereur lui-
même a proclamé, dans sa sagesse,
que c'est ce qui manque à son Gouvernement. Et vous y arriveriez en char-
geant de ce soin l'homme agréable à
cette même Administration, qu'il s'agit
de surveiller ! Mais invitez donc alors
les trois ou quatre vauriens de la commune à nommer eux-mêmes le garde-
champêtre qui doit les traquer, et vous
verrez quel joli compère ils vont vous
trouver pour mener douce vie à vos
dépens ! C'est là, sauf respect, l'histoire de tous les Gouvernements, quels
qu'ils soient, toutes les fois qu'au mépris du principe qu'on ne peut être
juge dans sa propre cause, ils mettent
la main dans l'élection des Députés
chargés de réprimer leurs excès. Aussi
ne les verrez-vous jamais apporter, à
votre exemple, des verges pour se
faire fouetter, en demandant vos suf-

frages pour des gardiens de vos droits, bien résolus à combattre leurs tendances à tout faire suivant leur bon plaisir et à vous passer ensuite la carte à payer. Quand donc vous votez pour leurs candidats, vous jouez, passez-moi le mot, la plus sotte comédie qui se puisse imaginer, et vous en êtes la dupe tout naturellement. Avec des Députés nommés de la sorte, uniquement préoccupés de plaire au Gouvernement, qui est leur Grand Électeur, il n'est pas de charges trop lourdes pour vos épaules : le budget s'élève d'un milliard et demi à deux milliards deux cents millions. « Oh ! Jacques Bonhomme peut bien payer ça, disent les prodigues Députés recommandés par MM. nos Maires. — Il est là-bas, au delà des mers, au diable, je ne sais quel prétexte de guerre : « Voilà des milliers d'hommes, voilà des centaines de millions, s'écrient aussitôt MM. les Députés agréables à MM. les

Préfets ; et hommes et millions sont à jamais perdus. « Enrôlons, dit un Ministre belliqueux, douze à treize cent mille soldats ; embrigadons, sous une forme quelconque, et pour le plus long temps possible, tous les jeunes hommes valides de chaque génération. » — « Prenez, prenez toujours, » tel est le seul mot que puissent prononcer les vaillants défenseurs nommés à la recommandation du premier de la commune. Cette histoire n'est pas finie ; vous pouvez en obtenir la suite si le jeu vous amuse ; mais moi, je tiens pour sûr que tout bon Français, véritablement ami du gouvernement de l'Empereur, doit, pour prévenir les excès, cause inévitable de révolution, se garder avant tout de candidats appuyés par MM. les Maires, parce que ces candidats, enchaînés à l'Administration, et impuissants, par suite, à la contrôler, nous conduisent infailliblement à un abîme de maux.

LOUIS LANDRIOT. — Cela est si simple que nous le comprenons maintenant comme vous, père Finot. C'est absolument comme si, dans les élections municipales, nous votions pour les conseillers que nous désignerait M. notre Maire. Quel joli Conseil il nous composerait, et que la commune serait bien menée ! Mais, le piége découvert, il faut encore ne pas s'y laisser prendre quand même. Combien, jusqu'à présent, ont cédé à la peur, et, par la crainte d'un danger quelconque, ont d'eux-mêmes tendu la gorge au couteau !

PÈRE FINOT. — Ah ! la peur, voilà le dernier mot dans le pays des braves. Vous ne remarquez donc pas, hommes timides, que tout a été organisé pour que vous n'obéissiez pas à cette mauvaise conseillère ? D'abord, le scrutin est secret, et nul, si vous y tenez, ne connaîtra votre vote. Puis, à l'occasion de ce vote, vous menace-t-on d'un dommage dans votre personne, dans votre famille ou dans votre fortune ; l'auteur de ces violences ou menaces est passible d'un emprisonnement d'un mois à un an et d'une amende de 100 fr. à 1,000 fr. La peine est du double si le coupable est un fonctionnaire, comme M. le Maire, parce que ce magistrat, auquel nous devons, ne l'oubliez jamais, le plus profond respect tant qu'il reste dans la loi, doit, tout le premier, s'incliner devant elle. En se sentant ainsi protégé, le plus enclin à s'effrayer de son ombre doit reprendre courage, quand il s'agit, par un vote d'homme libre, de défendre ce qu'il a de plus cher au monde, ses biens, sa bourse, sa femme et ses enfants. Que redouter, en effet, de la désobéissance à M. le Maire, dans un cas où il n'a pas le plus petit droit à vous commander ? Votez donc sans crainte pour le candidat sincèrement ami de l'Empire, mais indépendant et non appuyé par MM. les Maires ; celui-là seul est votre homme et ne peut jamais être celui du Gouvernement, parce que le Gouvernement et vous, vous avez ici des intérêts tout à fait opposés, comme le sont, à certains égards, ceux des brebis et des loups. Pour assurer son triomphe, bravez la mauvaise humeur de M. le Maire, qui, pour l'amour-propre de rester à la tête de la commune, tient plus à plaire à M. le Préfet qu'à vous mettre en bon chemin. Bravez tous les fonctionnaires porteurs de la même consigne, juges de paix, percepteurs, agents voyers, gardes champêtres, etc., etc. Bravez enfin certains bourgeois, qui pourraient être indépendants, mais qui trouvent plus profitable de flatter quand même le pouvoir que de lui donner les salutaires avertissements qu'un bon père doit à son fils.

JACQUES CLÉMENT. — Bien dit, père Finot. C'est cette comparaison du père et du fils qui débrouille ce qui était un peu entortillé dans ma cervelle. Je me disais en moi-même : Comment ces candidats indépendants peuvent-ils, quoique le gouvernement de l'Empereur les repousse, être nos hommes à nous, qui voulons, avant tout, le maintien de ce Gouvernement? Je le comprends maintenant : en votant pour eux, nous sommes le bon père qui empêche son fils prodigue de dissiper en folies tout son patrimoine. Le fils n'est point bien content de cette surveillance, mais elle n'en est pas moins une preuve d'amitié de la part du père. Ainsi en donnerons-nous une en choisissant un candidat indépendant qui empêchera beaucoup d'excès dans la politique, et le Gouvernement, contrarié tout d'abord, en sera content plus tard, comme l'autre de retrouver ses biens quand jeunesse sera passée.

PÈRE FINOT. — Admirables écoliers, vous en savez déjà autant que moi. Je crois pourtant avoir encore un ou deux petits secrets à vous apprendre. D'après ce que nous venons de dire, vous serez des braves qui ne tremblent point devant de vaines menaces. Soyez aussi des sourds pour les calomnies et les mensonges qui vont pousser partout, comme les mauvaises herbes dans vos blés. Votre candidat, à cause de son indépendance et de son zèle pour vous, sera représenté, soyez-en sûrs, sous les traits les plus hideux : on vous dira que c'est un ennemi de l'Empereur, un Rouge, un affreux Robespierre, un enragé Socialiste, en un mot, un vaurien de la pire espèce. Le candidat choisi par vous dans votre contrée parce que vous le savez à la fois Impérialiste sincère et défenseur énergique de vos droits, ainsi défiguré dans d'indignes caricatures ! Vous en ririez, n'est-ce pas ? si l'indignation ne vous soulevait le cœur contre les adversaires éhontés qui ont recours à de si pitoyables moyens pour amener le triomphe d'une mauvaise cause. La calomnie n'aura donc pas plus de prise sur vous que la menace. En voyant ainsi la victoire leur échapper, MM. les gens en place ou aspirant à l'être, dresseront autrement leurs batteries. Pour servir, à tout prix leurs intérêts aux dépens des vôtres, ils tenteront de vous séduire par des caresses. Ils vous promettront, tiendra qui pourra, un pont par ci, une route par là, plus loin un chemin de fer, d'autres fois la réparation, aux frais de l'Etat, de l'église ou de la maison d'école. Voilà les renards, gare aux poules ! Que peut signifier cet empressement à vous être utile, quand d'ordinaire on reçoit si froidement vos plus justes demandes ? Bien aveugle celui qui, sachant que tout flatteur vit aux dépens de celui qui l'écoute, n'apercevrait point ici l'appât séducteur qui recouvre un hameçon perfide. Gardez-vous donc d'échanger vos voix contre de pareilles faveurs : personne ne peut dire combien vous payeriez ces prétendus cadeaux, plus cher qu'à la foire. — C'est en vous préservant de la sorte, et des entraînements de la peur, et des séductions de la flatterie, que vous parviendrez enfin à nommer des représentants vraiment soucieux de la tâche confiée à leur loyauté. Ceux-ci ne disposeront pas de vous, comme les élus de MM. les Maires, sans daigner se souvenir qu'ils sont à vos gages pour être vos énergiques défenseurs. A défaut de générosité, quand il s'agira d'imposer quelque charge nouvelle à ceux qu'épuise déjà le labeur des champs ou de l'atelier, ils seront au moins retenus par la crainte de ne retrouver, au moment d'un nouveau scrutin, que des électeurs indignés, leur répondant avec colère : « Nous n'avons rien pour vous, rien pour des traîtres, si ce n'est un mépris égal à l'infamie de la trahison. »

— Bravo, bravo, mille fois bravo, cria-t-on de toutes parts.

PIERRE GERMAIN, *pressant les mains du vieillard.* — Merci, père Finot, merci de vos excellents conseils. Nous savions bien que le métier de cultivateur est le plus noble de tous, mais nous ne croyions pas qu'à rester, comme vous, cinquante ans courbé sur le sillon, on pouvait recueillir de tels fruits de sagesse ; c'est sans doute que l'Esprit se pose où il lui plaît. Avec nous, vos enseignements ne sont pas tombés sur un sol ingrat : ils fructifieront, et en nous, et en nos enfants. La Renommée va, d'ailleurs, avec sa trompette, les répandre aux quatre coins de la France, et, désormais, les porte-blouse de la campagne seront aussi fameux par leur habileté à choisir le défenseur de leurs droits, qu'ils le sont depuis longtemps par leur bravoure sur tous les champs de bataille. Ce sera leur nouvelle manière d'être les sauveurs de la société.

Enthousiasmés par ces sages leçons, tous voulurent reconduire leur
vénérable conseiller jusqu'à la de-
meure de son parent. « En triomphe,
le père Finot, en triomphe ! » crièrent
quelques voix. Aussitôt des mains s'en-
trelacèrent et reçurent le vieillard, qui,
s'appuyant sur de robustes épaules,
dominait de la tête toute l'assistance.
Plusieurs agitaient en l'air des ra-
meaux au feuillage naissant, arrachés
aux haies du chemin. Ils poussaient en
même temps des cris de joie, au milieu
desquels on distinguait : *Vive le père
Finot!*

C'est ainsi qu'on arriva à la de-
meure d'André Sarrut. Le vieillard
était dans un état de visible émotion :
de grosses larmes mouillaient ses joues
toutes pâles. Avant de le quitter, chacun voulut lui presser fortement la
main.

« S'il y avait beaucoup de jeunes

comme ce vieux-là, dit François Drill, la face de la France serait changée. — Il y en aura beaucoup, cria-t-on de divers côtés, oui, beaucoup. »

Vive l'Empereur!

Vivent les Députés indépendants!

Paris — Imp. Dubuisson et Cie, 5, rue Coq-Héron

PARIS. — IMP. DUBUISSON ET Ce, RUE COQ-HÉRON, 5.

www.ingramcontent.com/pod-product-compliance
Lightning Source LLC
Chambersburg PA
CBHW051746050726
47598CB00003B/1360